AF336422

LES D'ORLÉANS

A LONDRES

PARIS

IMPRIMERIE DE L. TINTERLIN ET Ce

rue Neuve-des-Bons-Enfants, 3.

LES

D'ORLÉANS

A LONDRES

A M. LE DUC D'AUMALE

LE COMTE DE BUISSON D'AUSSONNE

PARIS

E. DENTU, LIBRAIRE-ÉDITEUR

PALAIS-ROYAL, 13 ET 17, GALERIE D'ORLÉANS

1861

LES D'ORLÉANS

A LONDRES

A M. LE DUC D'AUMALE

LE COMTE DE BUISSON D'AUSSONNE

Vers le milieu du siècle dernier, deux gentilshommes croisaient l'épée dans les bois de Chantilly : l'un était le duc de Bourbon, votre grand-oncle; celui qui avait l'honneur d'être son adversaire et qui resta sur le terrain, était mon grand-oncle à moi, M. d'Eimar de Palaminy, capitaine aux gardes-françaises.

Prince, je n'aurais pas évoqué ce souvenir, si vous aviez su garder la dignité de l'exil et si vous n'aviez pas compromis les priviléges du malheur par une attaque audacieuse contre les grandeurs de la France présente, par une protestation impie contre nos victoires. Mais en lisant votre brochure, qui a été condamnée par la magistrature française, et vos discours qui sont applaudis par nos bons amis les Anglais, je me suis souvenu que plus qu'un autre, peut-être, j'avais le droit de vous répondre, puisqu'il y a près d'un siècle votre grand-oncle n'avait pas dédaigné de se mesurer avec le mien.

Depuis cette époque nous n'avons pas démérité, nous ! Ma famille n'a jamais renié son nom ni souillé son blason.

Mon grand-père, comme le vôtre, était à Ouessant. Mais il se conduisit autrement que celui à qui Lamotte-Piquet disait : « Après une pareille lâcheté, il ne vous reste plus qu'à vous brûler la cervelle ! »

De plus, dans ma famille, nous n'avons jamais fait tomber la tête d'aucun des nôtres; nous n'avons jamais dépouillé nos neveux, déshonoré nos nièces, recueilli d'héritages tachés de sang, bien plus encore, souillés par la main d'infâmes concubines !

Vous voyez bien, Prince, que je puis vous répondre sans être taxé d'une trop grande témérité.

Je vous réponds donc et je vous dis qu'au point de vue du patriotisme et de l'honneur, votre brochure n'était rien en comparaison de l'attitude que depuis quelques jours vous affichez à Londres.

Vous provoquez et obtenez des ovations qui sont autant d'outrages au sentiment national; ah! vous êtes bien le fils du prince transfuge, car je ne veux pas l'appeler émigré, par respect pour ceux qui surent porter ce nom et ne l'abaissèrent jamais à l'étranger; du prince transfuge qui en 1807, écrivait ces paroles abominables : « Les Français vont revenir en Espagne, j'espère qu'ils y seront écrasés. »

Je voudrais m'arrêter là; mais est-ce possible après vos provocations ! Puisque vous faites l'apologie de votre famille, je suis tenté de penser que vous ne connaissez pas son histoire, que vous ne l'avez lue que dans des ouvrages écrits par vos secrétaires des commandements.

Car sans cela, comment supposer que vous êtes fier de descendre de *Monsieur*, frère de Louis XIV, et que vous connaissez ses mœurs infâmes. Est-ce que d'aventure, vous n'auriez pas lu Saint-Simon? Lisez-le, Prince.

J'aime à supposer aussi que vous ne connaissez pas la vie du Régent. Sans cette ignorance, auriez-vous osé parler du Palais-Royal !

Les échos de ce palais, si vous les interrogiez encore, vous renverraient ces deux noms avec épouvante : le Régent et sa fille !

Vous n'avez pas lu l'histoire de Lémontey... Lisez Lémontey.

Cependant, malgré toute ma bonne volonté, je ne puis admettre que vous n'ayez pas lu l'histoire de la Révolution française de M. Thiers, ni même celle de M. Mignet. Ces deux écrivains ne sont pas des ennemis de votre famille, tant s'en faut. C'est chez eux, cependant, que j'ai appris ceci :

Il y avait un homme né sur les marches du trône, mais que la nature marâtre avait pourvu de tous les vices les plus bas et les plus fangeux ; d'une médiocrité d'esprit qui n'était égalée que par sa scélératesse et son abjecte lubricité, il était à la fois méprisé de la cour pour son ignominie, et des honnêtes gens de toute condition pour ses crapuleuses débauches. D'un aspect repoussant, la figure couverte de dégoûtantes pustules, ses jours se passaient en machinations ténébreuses et ses nuits en ignobles plaisirs.

« Le futur régicide, dit Châteaubriand, ne dégénérait pas de sa race : double prostitué, la débauche le livrait épuisé à l'ambition. »

Prince, ce double prostitué, suivant l'expression de Châteaubriand, était votre grand-père. Et vous essayez de le justifier ! votre piété filiale vous égare, et ce mot d'entraînement que vous appliquez à un des plus grands crimes de l'histoire restera longtemps à votre charge ; je le regrette.

Vous avez donc oublié que ce que vous appelez un entraînement souleva et soulèvera toujours l'indignation de tous les honnêtes gens ! Vous avez oublié qu'il n'est pas un historien digne de ce nom, qui n'ait flétri ce lâche assassinat en termes brûlants ! Vous avez donc oublié que les Conventionnels eux-mêmes, les régicides eux-mêmes, reculèrent d'horreur en entendant le vote de Philippe-Égalité ! Eux, au moins, étaient entraînés par les passions politiques, et peut-être quelques-uns d'entre eux purent se faire illusion sur le meurtre juridique qu'ils allaient ordonner. Philippe-Égalité, lui, n'obéissait qu'à la convoitise, à la haine, à la lâcheté, à tout ce qu'il y a de plus vil dans le cœur humain.

Permettez-moi encore de vous rappeler un détail.

Le 21 janvier, pendant que le funèbre cortége conduisait au sacrifice la royale victime, une voiture légère, conduite par un homme à la face livide, vint s'arrêter sur le pont Louis XV, et quand le fils de saint Louis fut monté au ciel, pardonnant à ses bourreaux, ce misérable monstre put dès lors marquer la place où il devait expier tant de forfaits avant que l'année fût révolue.

En voilà assez sur votre illustre grand-père ; la plume tombe des mains. Cependant je pourrais la reprendre un jour, et, si j'écris alors l'histoire de votre maison, je graverai au frontispice cette belle allégorie de Prud'hon :

« La Justice et la Vengeance divine poursuivant le crime, la torche et le glaive à la main. »

Après le mot entraînement vous avez encore un autre mot bien malheureux : vous osez parler d'usurpation. Ceci me mène tout droit à votre auguste père. En vérité, qu'est-ce que l'usurpation si le duc d'Orléans n'usurpa point la couronne de France?

Le duc d'Orléans précipitant vers l'exil trois générations de rois, ses parents, ses bienfaiteurs, ses maîtres, et recevant la couronne de deux cent dix-neuf députés vendus ou dupés, qui n'avaient aucun mandat de la France, aucune délégation du peuple, de ce peuple qu'on supprima, alors, mais avec qui il a bien fallu compter dix-huit années après; — le duc d'Orléans n'est pas un usurpateur! Décidément, Monseigneur, vous n'avez pas plus lu le dictionnaire de l'Académie que vous n'avez lu Saint-Simon et Lémontey.

Votre père, du reste, ne se contenta pas de dépouiller son neveu. L'héroïsme d'une mère lui fournit bientôt l'occasion de déployer toute la grandeur de son âme. Ici, je laisse la parole à un écrivain immortel qui est en cette circonstance un immortel vengeur.

« Ce qu'il faut vouer à l'exécration, ce qui n'a pas
« d'exemple dans l'histoire, c'est la torture impudique
« infligée à une faible femme, seule, privée de secours,
« accablée de toutes les forces d'un gouvernement conjuré
« contre elle, comme s'il s'agissait de vaincre une puis-
« sance formidable. Des parents livrant leur fille à la risée
« des laquais, la tenant par les quatre membres afin

« qu'elle accouche en public ! Trouverait-on dans les ba-
« gnes une famille assez mal née par avoir la pensée de
« couvrir un de ses enfants d'une telle ignominie? N'eût-
« il pas été plus noble de tuer la duchesse de Berry que
« de lui faire subir la plus tyrannique humiliation ? »

(CHATEAUBRIAND, *Mémoires d'Outre-Tombe.*)

Et le drame de Saint-Leu, vous l'oubliez aussi ! Vous avez cependant de bonnes raisons pour vous en souvenir. Mais ne craignez pas que j'abuse de l'interprétation; je m'en tiens aux faits authentiques, aux faits incontestables, aux documents historiques, et à ce point de vue je dois reproduire la lettre suivante, qui a dû coûter bien des larmes à votre sainte mère, mais enfin qu'elle a écrite, écrite de sa main, à Sophie Dawes, à la Feuchères !

Voici cette lettre; il est bon, Monseigneur, que vous la lisiez ou la relisiez, et que vous en pesiez chaque mot :

1827. *Lettre à madame de Feuchères.*

« Je suis sensible, Madame, à ce que vous me dites de votre sollicitude d'amener ce résultat que vous envisagez, comme devant remplir les vœux du duc de Bourbon ; et croyez que, si j'ai le bonheur que mon fils devienne son fils adoptif, vous trouverez en nous, dans tous les temps et dans toutes les circonstances, pour vous et pour tous les vôtres, cet appui que vous voulez bien me demander, et dont la reconnaissance d'une mère est un sûr garant. »

Quoi qu'il en soit, vous avez les millions du duc de Bourbon, et c'est à l'aide de cet argent que vous vouliez inonder la France de vos brochures !

Le général de Feuchères n'était pas prince, mais il avait le sentiment de l'honneur militaire, et quand un jour ces millions, que vous savez, lui arrivèrent, il n'hésita point et son héritage devint le patrimoine des pauvres !

Quelle leçon un grand prince reçut ce jour-là d'un soldat !

Tenez, j'ai beau m'en défendre, il me semble que votre héritage matériel est à la hauteur de votre héritage moral. Vos millions et vos traditions ne sortent pas d'une source plus pure.

L'usage que vous faites de votre fortune et l'usage que vous faites de l'exil sont parfaitement d'accord.

Décidément, c'est bien vous, héritier du prince de Condé et auteur de : *La Lettre sur l'histoire de France,* qui personnifiez la famille d'Orléans. Il était bon, providentiellement bon, que le premier manifeste orléaniste depuis la chute honteuse de la monarchie de 1830, fût signé de votre nom. Il l'a été, je m'en réjouis avec tous les honnêtes gens.

Mais vous ne vous contentez pas de ce manifeste ; vous multipliez vos discours à Londres et vous mettez votre personne en scène.

Un voyageur digne de foi m'affirme que vous ne craignez pas d'aller de votre personne dans les bureaux des journaux anglais les plus hostiles à la France. C'est bien ! et je n'en suis pas surpris. Cela est encore dans les traditions de famille dont je parlais tout à l'heure.

Que prétendez-vous faire en agissant ainsi ? Il y a des gens autour de moi qui prétendent que vous conspirez. Je ne suis point de leur avis. Conspirer, c'est courir un danger toujours, c'est risquer sa tête quelquefois. Vous ne courez aucun danger et vous ne risquez point votre tête. Vous ne conspirez point, Monseigneur, vous intriguez.

Continuez, s'il vous plaît. En maintenant à votre cause son caractère traditionnel et historique, vous rendez un immense service à la France et à la dynastie qu'elle s'est donnée. On dirait que le mauvais génie de votre race vous a inspiré les derniers mots de votre lettre « qu'avez-vous fait de la France ? » Car jamais on n'est allé avec tant de gaieté de cœur au devant d'une réplique terrible. Eh quoi ! au nom de ceux qui ont abaissé et humilié la France, vous demandez à ceux qui l'ont relevée et grandie ce qu'ils en ont fait ! Les auteurs de la ruine demandent des comptes à l'auteur de la prospérité ! La médiocrité demande des comptes à la gloire ! Les amis de Pritchard se posent en juges indignés de Sébastopol, de Solferino et de Magenta !

Vous souvenez-vous d'un prince qui avait donné une parole à Abd-el-Kader ?

Cette parole donnée à Abd-el-Kader, comment a-t-elle été tenue ? N'a-t-il pas fallu, pour dégager la vieille loyauté de la France, que l'Empereur acquittât votre dette et tînt votre parole ? Il en sera de même pour beaucoup d'autres choses. Il en sera de même pour la liberté. Toutes les belles promesses que vous avez faites, que vous n'avez pas tenues, que vous ne pouviez pas tenir ; c'est l'Empereur et l'Empire qui les tiendront.

Pour me résumer : par votre brochure, par vos discours, par le mouvement que vous vous donnez, par le bruit que vous faites en Angleterre, vous entrez et vous faites entrer votre famille dans la seconde phase de votre exil. On pouvait croire que vous déploriez les erreurs et les fautes que l'indignation de la France vous avait fait payer cher. Vous tenez à prouver, et je ne sais pas pourquoi, qu'il n'en est rien. Vous tenez à prouver que vous aussi vous n'avez rien oublié, ni rien appris.

Vos flagorneries à l'adresse de l'Angleterre sont toute une révélation. On ne peut pas vous accuser par exemple d'embellir votre programme, et je vous remercie pour mon compte d'une franchise si extraordinaire. La France sait maintenant à n'en pouvoir douter que les fils trouvent admirable ce qu'a fait leur père, et que pour eux l'idéal de la politique de la France est dans l'éternelle admiration de l'Angleterre ; de là à être à ses genoux il n'y a pas loin.

Princes d'Orléans, vous êtes toujours les mêmes. Vous étiez Anglais à Paris, vous êtes Anglais à Londres ; et la seule chose que vous ayez le droit d'ambitionner, c'est un siége au Parlement.

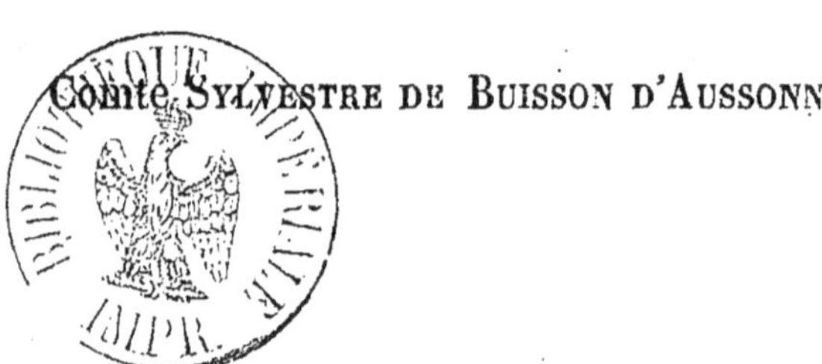

Comte Sylvestre de Buisson d'Aussonne.

FIN.

www.ingramcontent.com/pod-product-compliance
Lightning Source LLC
LaVergne TN
LVHW010107060726
842524LV00006B/2377